BEI GRIN MACHT SICH IHR
WISSEN BEZAHLT

AF151439

- Wir veröffentlichen Ihre Hausarbeit,
  Bachelor- und Masterarbeit

- Ihr eigenes eBook und Buch -
  weltweit in allen wichtigen Shops

- Verdienen Sie an jedem Verkauf

Jetzt bei www.GRIN.com hochladen
und kostenlos publizieren

Carsten Weerth

Spezielle Didaktische Ansätze in der Erwachsenenbildung

Eine Einführung

GRIN Verlag

Bibliografische Information der Deutschen Nationalbibliothek:

Die Deutsche Bibliothek verzeichnet diese Publikation in der Deutschen National-
bibliografie; detaillierte bibliografische Daten sind im Internet über http://dnb.d-
nb.de/ abrufbar.

Impressum:

Copyright © 2012 GRIN Verlag GmbH
Druck und Bindung: Books on Demand GmbH, Norderstedt Germany
ISBN: 978-3-656-35079-8

Dieses Buch bei GRIN:

http://www.grin.com/de/e-book/207510/spezielle-didaktische-ansaetze-in-der-
erwachsenenbildung

GRIN - Your knowledge has value

Der GRIN Verlag publiziert seit 1998 wissenschaftliche Arbeiten von Studenten, Hochschullehrern und anderen Akademikern als eBook und gedrucktes Buch. Die Verlagswebsite www.grin.com ist die ideale Plattform zur Veröffentlichung von Hausarbeiten, Abschlussarbeiten, wissenschaftlichen Aufsätzen, Dissertationen und Fachbüchern.

Besuchen Sie uns im Internet:

http://www.grin.com/

http://www.facebook.com/grincom

http://www.twitter.com/grin_com

Technische Universität Kaiserslautern
Distance and Independent Studies Center (DISC)

Deckblatt für Einsendearbeiten im Fernstudiengang „Erwachsenenbildung"

Einsendearbeiten zu dem Modul Nr:
EB0600: Spezielle didaktische Ansätze

Sommersemester 2012

Von Carsten Weerth

Inhaltsverzeichnis

Einsendeaufgabe 1 – Wegenetz der komplexen Handlung (EB 0610)

a.) Teilhandlungen, (automatisiert beherrschbar), und

b.) „Wegkreuzungen", (Unterscheidungspunkte für unterschiedliche Strategien)

Aufgabenteil a.) Teilhandlungen

„Komplexe Handlungsabläufe lassen sich in eine Reihe von Teilhandlungen zerlegen" (Höffer-Mehlmer, 2012a, S. VII).

Zur komplexen Handlung 'Ein Seminar leiten' gehören folgende Teilhandlungen:

- Planung des Seminars,
- Begrüßung,
- Aufgabenstellung,
- Moderation,
- Techniken der Präsentation,
- Rhetorik und Fragetechnik,
- Zusammenfassung der Stunde.

Skizze:

Planung -> Begrüßung -> Aufgabenstellung -> Moderation / Techniken der Präsentation / Rhetorik und Fragestellung -> Zusammenfassung der Stunde.

Die Planung des Seminars soll lt. Aufgabenstellung außen vor bleiben. Automatisiert sollten folgende Teilhandlungen ablaufen: Moderationstechnik (Freundlichkeit, wertschätzendes Umgehen, Ausreden lassen, Redebeiträge würdigen und Reihenfolgen vorgeben), rhetorische Fähigkeiten (Stimmlage, Atmung, offene Fragestellung, etc.), Präsentationstechnik (Overheadprojektor, Arbeit mit dem Laptop und Beamer sowie Powerpoint-Präsentationen, Arbeit mit Flipchart, Schreiben mit Kreide an der Tafel, etc.)

Eine Begrüßung, Aufgabenstellung und Zusammenfassung sind komplexe Handlungen die aus automatisierten Teilhandlungen bestehen (Moderationstechnik, Rhetorik, Präsentationstechnik) – diese können nicht automatisiert werden, sondern sind situativ neu zusammenzustellen.

Aufgabenteil b.) Wegkreuzungen

Wegkreuzungen entstehen immer dann, wenn methodische Wahlmöglichkeiten entstehen. In jeder Phase der komplexen Aufgabe 'Ein Seminar Leiten' gibt es diese Wegkreuzungen:

- Begrüßung: Monolog des Dozenten oder Einführung mit Kennlern-Sequenz oder Einführung mit Dialog (und Input der Teilnehmer) hinsichtlich der Erwartungshaltung?

- Aufgabenstellung: Per Aufgabenblatt oder mündlich oder im Dialog mit den Teilnehmern erarbeiten?

- Techniken der Präsentation: an der Tafel mit Kreide, mit dem Laptop und Power-Point, mit Folienstift und Tageslichtprojektor, lieber mit dem Filzstift und Flipchart oder einfach ein Wortbeitrag ohne mediale Unterstützung?
- Abschluss: Zusammenfassend nur mündlich, oder mit Ergebnispräsentation durch die Teilnehmer, je nachdem ob das Seminar endgültig abgeschlossen wird oder es nur das Ende einer Stunde/Sequenz darstellt.

Einsendeaufgabe 2 – Typische Transferprobleme (EB 0610)

Stellen Sie typische Transferprobleme dar, gehen Sie auf positiven, negativen und Null-Transfer ein und entwerfen Sie Instrumente für eine bessere Transferförderung.

Mein Bereich der Erwachsenenbildung ist die Durchführung von Außenhandels-Seminaren an privatwirtschaftlichen Bildungseinrichtungen für Mitarbeiter von Unternehmen. Vorweg gesagt sei, dass diese Form der Erwachsenenbildung (EB) mit einer Erwartungshaltung vom Träger und Nutzer einhergeht:

Der Träger erwartet vom mir als Dozent „Expertenwissen" und „Dozentenorientierter Unterricht". Der Teilnehmer erwartet „Input von Wissen" und „Bespaßung" während einer vom Arbeitgeber finanzierten Maßnahme der EB.

Problematisch ist bei einem Seminar „Einführung in die Exportkontrolle" mit einer Dauer von 3,5 Stunden, dass ein sehr komplexes Thema nur sehr oberflächlich behandelt werden kann. Das Thema wird normalerweise innerhalb einer Woche mit fünf vollen Seminartagen vertieft und sinnvoll behandelt. In einer so kurzen und komprimierten Einführung können daher nur die Grundzüge, Aufgaben, Rechtsgrundlagen und praktischen Probleme angesprochen werden.

„Transfer" ist die „Übertragung von Gelerntem auf neue Gegebenheiten oder in Anwendungssituationen" (Höffer-Mehlmer, 2012a, S. VII).

Positiver Transfer läge vor, wenn die angebotenen Inhalte voll und ganz in der Praxis der Teilnehmer umgesetzt werden könnten.

Zu unterscheiden ist „Transfer von Inhalten" und „Transfer von Verfahren" (Höffer-Mehlmer, 2012a, S. 28). „Transfer von Inhalten" bedeutet dabei „wenn Einsichten [...] über einen Sachverhalt auf einen anderen übertragen werden" (Höffer-Mehlmer, 2012a, S. 28). Beim Beispiel bedeutet dieses, dass die Idee der Ausfuhrkontrolle mit in die Praxis der Teilnehmer in ihre Unternehmen genommen wird und sie achtsamer im Außenhandel agieren (z B. sensibel im Umgang mit Embargoländern sind, aktiv auf der Plattform des Bundesamtes für Wirtschaft und Ausfuhrkontrolle nach alten und neuen Merkblättern und Rechtsvorschriften suchen können). Dieser Transfer von Inhalten ist meiner Auffassung nach im Rahmen der kurzen Einführung in die Ausfuhrkontrolle möglich – die Teilnehmer sollten in der Lage sein, einfachere Inhalte in deren Praxis zu übertragen. „Transfer von Verfahren" bedeutet dabei die „Anwendung von Prinzipien" verstanden (Höffer-Mehlmer, 2012a, S. 28). Beim Beispiel bedeutet dieses, dass die sehr komplexe Anwendung der Ausfuhrliste auf eine Ware und die Fragestellung nach der Ausfuhrfähigkeit eines Gutes in eine bestimmtes Land nicht nur einmalig im Rahmen des Seminars vom Dozenten vorgestellt wird, sondern regelmäßig in der Berufspraxis von den Teilnehmern angewendet werden kann.

Transfer kann durch „häufiges und variantenreiches Üben" sowie die Übung in „Realsituationen" gefördert werden (Höffer-Mehlmer, 2012a, S. 29). Aber diese Tipps sind eben im

Rahmen eines sehr komprimierten Seminars mit großem Theorieanteil sehr schlecht in die Praxis umzusetzen, wenn man die Anforderungen und Erwartungen des Bildungsträgers und Teilnehmers berücksichtigt.

Negativ-Transfer liegt vor, wenn „die Lösung einer bestimmten Aufgabe den darauffolgenden Lösungsversuch einer neuen Aufgabe behindert oder erschwert" (Gage/Berliner, 1996, S. 319, zit. nach Höffer-Mehlmer, 2012a, S. 27).

Beim Beispiel bedeutet dieses, dass das Beispiel des Lesens eines sehr komplexen und schwierigen Positionstextes der Ausfuhrliste (technische Rechtsnorm über mehrere Seiten) zu Verständnisschwierigkeiten und Kapitulation der Teilnehmer führen kann. Wenn diese Teilnehmer in der Praxis erneut die Ausfuhrliste lesen müssen, können sie durch das negative Erlebnis im Seminar beeinflusst werden und dadurch regelmäßig „Angst" bei der Anwendung der Ausfuhrliste bekommen.

„Null-Transfer" stellt die Situation dar, „wenn weder ein positiver noch ein negativer Transfer stattfindet" (Höffer-Mehlmer, 2012a, S. 27). Wenn ich also „frontal" über das Recht der Ausfuhrkontrolle referiere, kann ich nicht erkennen, ob beim Teilnehmer etwas von den Inhalten ankommt, dass dauerhaft erinnert wird und in seiner Arbeitspraxis umgesetzt wird – sofern nichts bei ihm/ihr ankommt (z.B. weil es uninteressant, kompliziert, oder unwichtig für die Berufspraxis ist), handelt sich um einen typischen Fall von „Null-Transfer".

„'Transferlücke' ist ein vor allem in der betrieblichen Weiterbildung verbreiteter Begriff, mit dem das nicht gewünschte Schrumpfen von Lernerfolg und die fehlende Übertragung des Gelernten in den beruflichen Alltag nach dem Ende von Bildungsveranstaltungen" (Höffer-Mehlmer, 2012a, S. VIII). Der Idealverlauf einer Veranstaltung geht von einer Übertragung des erworbenen Wissens/der erworbenen Kompetenzen in die Praxis der Erwachsenen aus – „der tatsächliche Verlauf weicht aber von diesem Idealbild erheblich ab" (Höffer-Mehlmer, 2012a, S. 43). Daher soll stärker „handlungs- und erfahrungsorientiertes Lernen" die Transferlücke verringern (Höffer-Mehlmer, 2012a, S. 45), und wird in der Literatur entsprechend propagiert, z.B. „Transferförderung im Seminar" (Martinson, 2001). So soll der „Badewannen-Effekt" (Höffer-Mehlmer, 2012b, S. 39) vermieden werden.

Vor Beginn der Veranstaltung sollten im Rahmen der Planung des Seminars die Übungsphasen geplant werden und ausreichend Beispiele für Übungen vorbereitet werden. Die Veranstaltung sollte Teilnehmerorientiert aufgebaut werden.

Während der Veranstaltung sollte bereits in der Einleitungsphase eine deutliche Teilnehmerorientierung vorgenommen werden: Teilnehmer sollten Erwartungen formulieren und zum dauerhaften Mitarbeiten aufgefordert werden.

Übungsphasen werden aktiv durchgeführt und hinterher gemeinsam besprochen.

Am Ende der Veranstaltung wird zusammengefasst, was gemeinsam erarbeitet worden ist.

Fragen werden erneut und abschließend beantwortet.

Auf aktuelle Internetinhalte und Literatur zur Vertiefung wird hingewiesen.

Einsendeaufgabe 3 –

Emotionale Kompetenz, Lernen und Führung (EB 0620)

Thema:

Emotionale Kompetenz, emotionales Lernen und emotionale Führung

Szenario:

Sie sind seit drei Jahren als Führungskraft in einem Unternehmen der beruflichen Weiterbildung tätig. Im vergangenen Jahr haben Sie eine Reihe neuer pädagogischer Fachkräfte eingestellt. Im Laufe der nächsten fünf Jahre werden zwei Drittel der langjährigen Mitarbeiter (MA) altersbedingt ausscheiden. Die Erfahrung dieser MA möchten Sie bewahren. [...] Sie haben eine interne Weiterbildungsreihe zum Thema interdisziplinäre Zusammenarbeit angeregt und möchten Veränderungswünsche und Anliegen des Personals aufgreifen, um diese thematisch zu gestalten. [...]

Aufgabe:

Nennen Sie zentrale Aspekte einer reflexiven Lerntheorie. Beschreiben Sie anhand eines Beispiels im Kontext des Szenarios eine typische Situation, in der diese Aspekte deutlich werden.

Schildern Sie weiterhin an diesem Beispiel im Kontext des Szenarios, wie Sie als Führungskraft die eigene emotionale Kompetenz in den Prozess einbringen und wie Sie dabei das emotionale Lernen der MA fördern können.

Aufgabenteil a.) Reflexive Lerntheorie

Horst Siebert hat den „Reflexionsbegriff" in den 1980-er Jahren entwickelt, um „die Persönlichkeitsentwicklung des Einzelnen anzuregen, zu begleiten und immer wieder neu zu orientieren, wobei er von dem Bild einer Persönlichkeit ausgeht, die sich ihrer selbst bewusst ist und ihre Bedürfnisse, Abhängigkeiten und Ziele zu durchschauen und zu bewerten vermag" (Arnold, 2012, S. 51).

Siebert unterscheidet dabei drei Reflexionsarten:

„Selbstreflexion <-> Gruppenreflexion <-> Problemreflexion" (Siebert, 1982, zit. nach Arnold, 2012, S. 51).

Hinzu treten drei weitere Ebenen:

„Reflexivität – Bildung – Verantwortliches Handeln" (Siebert, 1982, zit. nach Arnold, 2012, S. 51 und Arnold, 2012, S. 54).

Die **Selbstreflexion** ist dabei die Fähigkeit „sich auf seine eigenen, vernünftigen Interessen und Lernziele zu besinnen" (Siebert, 1982, S. 77, zit. nach Arnold, 2012, S. 52).

Die **Gruppenreflexion** ist dabei eine „Metakommunikation über Lernprozesse in einer Gruppe unter Berücksichtigung der Beziehungsweise der Inhaltsaspekte" (Siebert, 1982, S. 77, zit. nach Arnold, 2012, S. 52).

Die **Problemreflexion** ist dabei die „Entscheidung individuell und gesellschaftlich relevanter Lernthemen, sie schließt die Problematisierung manifester Bildungsinteressen und gesellschaftlicher Qualifikationsanforderungen ein" (Siebert, 1982, S. 77, zit. nach Arnold, 2012, S. 52).

Im vorliegenden Beispiel ist Reflexivität in allen drei Reflexionsarten von Bedeutung – im Rahmen einer Teambesprechung über die Zukunft lassen sich die Rollen identifizieren :

Selbstreflexion: die neuen pädagogischen Fachkräfte, die alten Mitarbeiter (MA) und auch die Führungskraft sollten sich ihrer eigenen Rollen bewusst sein und diese reflektieren können (Blick auf das Selbst).

Gruppenreflexion: alle beteiligten Parteien sollten im Rahmen einer Metakommunikation in der Lage sein, die Dynamik in der Gruppe zu reflektieren und im Interesse der Zukunft bestimmte Änderungen zur Sicherung von Kompetenzen und der künftigen Funktionsfähigkeit der Bildungseinrichtung vorzunehmen.

Problemreflexion: alle beteiligten Parteien sollten im Rahmen der anstehenden Entwicklungsaufgabe für die Sicherstellung der Bildungseinrichtung im Rahmen der Organisationsentwicklung ihren Beitrag und ihre Perspektive erkennen: das gemeinsame Zusammenarbeiten und die Teambildung in Hinblick auf eine Akzeptanz der neuen pädagogischen Mitarbeiter mit dem Ziel des Lernens von den alten MA für das gemeinsame Ziel der Zukunftssicherung der Handlungsfähigkeit der Bildungseinrichtung.

Aufgabenteil b.) Eigene emotionale Kompetenz

Als Führungskraft, Lehrender und normaler Mensch ist man immer von Gefühlen und Emotionen abhängig – Gefühle und Emotionen entstehen dabei sehr früh in der kindlichen Entwicklung und prägen den Menschen sein ganzes Leben lang.

Emotionen sind „eine tief verwurzelte Tendenz, sich gegenüber der Welt zu fühlen. Emotionen emergieren [entstehen/treten auf] und drücken sich in Gefühlen aus, welche den Eindruck unserer Wahrnehmung überlagern, durchwirken und verfälschen" (Arnold, 2012, S. IV).

Gefühle und Emotionen lassen sich nach neuester Forschung (bekannt insbes. durch Veröffentlichungen von Gerhard Roth, Universität Bremen, vgl. Roth, 1996, 2003, 2007, 2009, 2011) nicht neu lernen oder verändern.

Möglich ist allerdings das Nachspüren der Emotionen, das Achtsam werden für die eigene emotionale Landkarte und das Begreifen des eigenen emotionalen Hintergrunds, so dass dieser im (Führungs- oder Lebens-) Alltag beherrschbar bleibt und positiv/konstruktiv funktionsfähig wird.

Von Emotionen und Gefühlen betroffen sind alle Menschen, im vorgegebenen Szenario daher sowohl die Führungskraft, als auch alle alten MA und neuen pädagogischen Fachkräfte. Fraglich ist, ob alle pädagogischen Fachkräfte und alten Mitarbeiter im Rahmen ihrer formellen Ausbildung hinsichtlich der emotionalen Wirksamkeit ihres Tuns und Wirkens geschult worden sein. Insbesondere die alten MA sind oftmals ohne formelle pädagogische Qualifizierung in der Erwachsenenbildung gelandet, weswegen die fortlaufende Qualifizierungsmaßnahme für diese Bildungseinrichtung sehr sinnvoll erscheint. In diesem Zusammenhang spricht man von „emotionaler Alphabetisierung" (so auch Arnold, 2012, S. 123 mit Leer-Verweis auf S. 68, auf der der Begriff nicht auftaucht).

Hinsichtlich des beschriebenen Szenarios ist die Führungskraft immer wieder gefordert, den einzelnen Mitarbeiter in seiner individuellen Situation „abzuholen" und sich in dessen Situation „hinein zu fühlen". In diesem Sinne darf die Führungskraft nicht nur auf sich selbst fokussiert seine Meinung durchsetzen, sondern ist - gegen alle Widerstände - immer wieder Gefragt im Sinne seiner Zielsetzung für die Sache zu werben, geduldig immer wieder auf die Vorteile der Zusammenarbeit zwischen alten MA und neuen pädagogischen Fachkräften im Sinne einer Teambildung und positiven Organisationsentwicklung hinzuwirken.

Aufgabenteil c.) Vorschläge für Mitarbeitergespräche oder Teamsitzungen

Im Rahmen einer Teamsitzung könnte der pädagogische Leiter auf die Wichtigkeit der Teambildung hinweisen und die Bedeutung der Zusammenarbeit fürs die Zukunft der Organisation (im Rahmen der Organisationsentwicklung und der Zukunftssicherung) hinweisen. Cliquenbildung (nur alte MA, nur neue pädagogische Fachkräfte) sollten vermieden, ggf. aufgebrochen werden. Im Rahmen von Arbeitszuweisungen könnte auf heterogene Teambildungen hingewirkt werden (z.B. Erarbeitung neuer Konzepte, Erarbeitung von Fachthemen, im Rahmen von Teamteaching etc.), wobei mit der Vorgabe Jung & Alt sich die Teams selber zusammen finden sollten. Insbesondere sollten für die fortlaufenden Fortbildungsveranstaltungen Themen von den Kollegen eingebracht und eingefordert werden. Kreative Arbeitsformen in gemeinsamer Erarbeitung hierfür wären u.a. Brainstorming, Brainwriting, Mind-Mapping, Zukunftswerkstatt, Qualitätszirkel, Walt-Disney-Methode, 6-3-5-Methode, u.v.m. (Noack, 2008). Die Führungskraft würde im Kreativitätsprozess die Moderatoren-Rolle übernehmen, und aktiv das Geschehen steuern, die Kollegen jedoch kreativ gemeinsam arbeiten und interagieren lassen.

Im Rahmen von jährlichen Mitarbeitergesprächen sollten die Anstehenden Aufgaben der Organisationsentwicklung im Rahmen des Changemanagements allen Mitarbeitern immer wieder erläutert werden (im Rahmen der Transparenz), damit das Erfordernis der Organisationsentwicklung dauerhaftes „Thema" bei allen Mitarbeitern bleibt.

Mitarbeiter die blockieren, sollten im Rahmen von Einzelgesprächen befragt werden. Einerseits sollte dabei thematisiert werden, dass ein bestimmtes Verhalten (eine „Blockade-haltung") wahrgenommen wird, und nachgefragt werden, was aus Sicht des Mitarbeiters der Grund hierfür sein könnte.

Alle Interaktionen in der Gruppe und den Einzelgesprächen sollten achtsam (reflexiv auf ei-gene Emotionen achtend), freundlich und wertschätzend geführt werden. Möglicherweise haben ein einzelne Mitarbeiter/in konkrete Gründe für seine/ihre Blockadehaltung (z.B. ältere MA: Angst, nicht mehr mithalten zu können, Angst vor Veränderung, Angst vor den starken Kräften junger Mitarbeiter, die „alles verändern wollen" und „keine Wertschätzung gegenüber älteren Mitarbeitern" haben; junge pädagogische Fachkräfte: Ressentiments vor den „Alten" MA und deren etablierte Methoden – oft unterstützt durch neue Studieninhalte, die auf moderne Methoden setzen und das „Alte" als „falsch" besetzen, Angst und Unsicherheit aus mangelnder praktischer Erfahrung, uvm.).

Insofern sind Teamveranstaltungen besonders kreativ und teambildend, wohingegen Einzelgespräche besonders wichtig sind, um Interessen der einzelnen Menschen zu erfragen.

Einsendeaufgabe 4 – Elaboration in Kreativitätsangeboten (EB 0630)

Zunächst die Frage: was ist „Elaboration"?

„Elaboration" bedeutet in der Psychologie wörtlich „Ausarbeiten" (Wikipedia, 2012). In der Psychologie wird der Begriff verwendet für eine „vertiefte Informationsverarbeitung" (Wikipedia, 2012). „Im Bereich der Lernstrategien ist Elaboration eine wichtige Technik. [...] Elaborationsstrategien können darin bestehen neue Informationen mit eigenen Worten zu erklären", Eselsbrücken zu bilden (Wikipedia, 2012), das Zeichnen von Mindmaps oder durch „Übungen und Fragen" (Stangl, 2012).

Eine weitere Definition: „Elaboration" ist „in der Erforschung kreativer Persönlichkeitsmerkmale die 'Ausarbeitung von Details, die implizit in der Information stecken'" (Oerter, 1979, S. 781, zit. nach Höffer-Mehlmer, 2012b, S. V und ebenso S. 101).

Am Beispiel des Lesens ist die Elaboration in der Literatur dargestellt worden:
So will man „durch Anreicherung des Textes mit zusätzlichen Erläuterungen, Beispielen und Analogien [...] die Verbindung zwischen neuem und schon im Gedächtnis gespeichertem Wissen erleichtern." (Christmann/Groeben, 1999, S. 145 ff., zit. nach Teachsam, 2012).

Folgende Beispiele sind hilfreiche Elaborationstechniken für das Lesen:
- „Mnemotechniken: Schlüsselwort-Methode, Loci-Technik, Geschichten-Technik,
- Herstellen von bildhaften Verknüpfungen,
- mit eigenen Worten zusammenfassen (paraphrasieren), Vorstrukturierungen [...] verfassen,
- Analogien suchen,
- Beispiele finden,
- Stichworte ausführlich darstellen,
- Fragen beantworten,
- Anwendungsbereiche und -situationen suchen,
- Schlussfolgerungen ziehen,
- Zusammenhänge herstellen,
- Gegenargumente zusammentragen,
- persönliche Relevanz feststellen,
- Randbemerkungen anfertigen,
- Vor- und Nachteile herausarbeiten,
- erlangten Wissensstand mit dem eigenen Vorwissen vergleichen,
- Informationen aus anderen Quellen heranziehen,
- Intentionen und Ziele des Autors erkennen,
- das Gelesene bewerten." (Christmann/Groeben, 1999, S. 145 ff., zit. nach Teachsam, 2012).

Für meinen Bereich der Weiterbildung (berufliche Weiterbildung im Rahmen von Zollseminaren) würden sich folgende Formen der Elaboration anbieten:

- Fragen zu praktischen Problemen des Lehrthemas im Unternehmen (z.B. Anwendung der Ausfuhrliste für Warenexporte).
- Übungen zur praktischen Anwendung des Gelehrten und Gelernten (z.B. Anwendung des Elektronischen Zolltarifs, EZT-online).
- Teilnehmer sollen die Relevanz des Gelehrten für Ihre praktische Arbeit bewerten.
- Teilnehmer sollen die gelernten Inhalte in eigene Worte fassen und bewerten.
- Teilnehmer sollen eine eigene Mitschrift des Lehrvortrags erstellen (ggf. eine eigene Mindmap).
- Teilnehmer sollen Probleme aus ihrer beruflichen Praxis mitbringen und auf das gelernte Thema anwenden.

Doch welche Aufgabe fällt dabei der Kursleitung zu?

Die Kursleitung ist im Kreativitätsprozess immer wieder der Motor oder Katalysator.

Durch Aufgabenstellung und Moderation des Prozesses wird die Elaboration in Gang gesetzt und in Gang gehalten.

Die Kursleitung könnte folgende Aufgaben verteilen: „Bitte schreiben Sie wichtige Inhalte mit ihren eigenen Worten mit. So können Sie gelerntes und neue Inhalte am besten Lernen und Einüben."

Weitere Möglichkeiten:

„Wenn etwas unklar ist, stellen Sie bitte Ihre Fragen. Alle anderen Teilnehmer profitieren auch von Ihren Fragen, also bitte keine Scheu."

„Am Ende dieser Phase kommt eine Phase der Fragen. Können wir bitte zunächst die offenen Fragen sammeln und danach die einzelnen Fragen-Komplexe bearbeiten."

Literaturverzeichnis:

Arnold, R. (2012):   Emotionale Kompetenz, emotionales Lernen und emotionale (Selbst-) Führung in der Erwachsenenbildung. Studienbrief Nr. EB 0620 des Master-Fernstudiengangs Erwachsenenbildung der TU Kaiserslautern. Unveröffentlichtes Manuskript. 1. Aufl., Kaiserslautern.

Christmann, U./Groeben, N. (1999):
                     Psychologie des Lesens. In: Franzmann et. al. (Hrsg.) (1999): Handbuch Lesen (1999). München. S.145-223.

Gage, N. L./Berliner, D. C. (1996):
                     Pädagogische Psychologie. 5. Aufl., Weinheim/München.

Höffer-Mehlmer, M. (2012a):
                     Handlungs- und erfahrungsorientiertes Lernen in der Erwachsenenbildung. Studienbrief Nr. EB 0610 des Master-Fernstudiengangs Erwachsenenbildung der TU Kaiserslautern. Unveröffentlichtes Manuskript. 2. Aufl., Kaiserslautern.

Höffer-Mehlmer, M. (2012b):
                     Persönlichkeits- und Kreativitätsförderung. Studienbrief Nr. EB 0630 des Master-Fernstudiengangs Erwachsenenbildung der TU Kaiserslautern. Unveröffentlichtes Manuskript. 3. Aufl., Kaiserslautern.

Martinson, H. I. (2001):
                     Transferförderung im Seminar. Verwaltung und Fortbildung. Nr. 29, Heft 2, S. 110-120.

Noack, K. (2008):   Kreativitätstechniken. 2. Aufl. Berlin.

Oerter, R. (1979):   Die kreative Persönlichkeit. In: Die Psychologie des 20. Jahrhunderts. Zürich. S. 781-788.

Roth, G. (1996):   Das Gehirn und seine Wirklichkeit; Kognitive Neurobiologie und ihre philosophischen Konsequenzen. Frankfurt am Main.

Roth, G. (2003):   Fühlen, Denken, Handeln. Wie das Gehirn unser Verhalten steuert. Frankfurt am Main.

Roth, G. (2007):   Persönlichkeit, Entscheidung und Verhalten. Warum es so schwierig ist, sich und andere zu ändern. Stuttgart.

Roth, G. (2009):   Aus Sicht des Gehirns. Frankfurt am Main.

Roth, G. (2011):   Bildung braucht Persönlichkeit. Wie Lernen gelingt. 4. Aufl. Stuttgart.

Siebert, H. (1982[1]): Aspekte einer reflexiven Didaktik. In: Schultz, E. (Hrsg.): Die Hinwendung zum Teilnehmer - Signal einer „reflexiven Wende" der Erwachsenenbildung? Tagungsberichte Nr. 6 der Universität Bremen. Bremen. S. 74-89.

---

[1] Der Tagungsband von E. Schultz ist lt. Arnold, 2012, S. XIII „o.J.", also ohne Jahr erschienen. Auf der Homepage von E. Schultz an der Universität Bremen wird der Tagungsband auf 1982 datiert.

Stangl.eu (2012):   Elaboration. In: Stangl (2012): Lexikon der Psychologie und Pädagogik. URL: http://lexikon.stangl.eu/322/elaboration/ (1.7.2012).

Teachsam (2012):   Primärstrategien: Elaborationsstrategien. URL: http://www.teachsam.de/arb/arb_les_strat_1_1_2.htm (1.7.2012).

Wikipedia (2012):   Elaboration (Psychologie). Online Enzyklopädie http://www.wikipedia.org. URL: http://de.wikipedia.org/wiki/Elaboration_%28Psychologie%29 (1.7.2012).

Autoreninfo:

Dr. Carsten Weerth, BSc (Glasgow), LL.M. (Com.), Jahrgang 1971, ist studierter Molekularbiologe, promovierter Volkswirt und Master in Commercial Law – LL.M. (Com.).

Er ist als Fach- und Führungskraft in einer Bundesverwaltung in Bremen tätig.

Nebenberuflich ist er seit 2007 Lehrbeauftragter an der Hochschule für öffentliche Verwaltung Bremen, der Hochschule Bremen und der Jacobs University Bremen. Er ist zudem als Dozent an Handelskammern und privaten Bildungseinrichtungen tätig (z.B. DAV und bav in Bremen). Der Autor und Mediator hat bislang mehr als 10 Bücher in den Verlagen Bundesanzeiger (Köln), Sierke (Göttingen), Stollfuß (Bonn/Berlin) und Gabler (Wiesbaden) veröffentlicht oder ist Mitautor dieser Bücher.

An der TU Kaiserslautern studiert er seit 2011 nach dem „Kaiserslauterer Modell" Erwachsenenbildung und Organisationsentwicklung bei Rolf Arnold, Horst Siebert, Wiltrud Gieseke, Wolfgang Müller-Commichau, Markus Höffer-Mehlmer und anderen.